Thomas Feller

Tartines craquantes

Photographies de Julie Mechali

Stylisme de Manuella Chantepie

ISBN : 978-2-7540-3575-0
Dépôt légal : avril 2012
Imprimé en France par Pollina - L60289
Photos : © Julie Mechali
Direction éditoriale : Aurélie Starckmann
Édition : Audrey Bernard
Conception graphique : Istria
Pictogramme © Pascale Etchecopar

Éditions First-Gründ
60, rue Mazarine
75006 Paris – France
e-mail : firstinfo@efirst.com
Site internet : www.editionsfirst.fr

Sommaire

Introduction

À l'heure des apéritifs dînatoires, des cuillères et des verrines qui en mettent plein la vue et qui prennent des heures à faire, pourquoi ne pas revenir vers l'authentique, le vrai et le savoureux ?

Quoi de plus authentique que le pain ? Il n'y a pas un produit dans notre cuisine qui peut s'accommoder avec autant de choses que le pain. Authentique, simple et sans limites dans la créativité et l'originalité.

Vous le verrez au fil de ces pages, le pain est un support extraordinaire pour les légumes, viandes, poissons, fromages... La base est bien sûr de choisir un pain de qualité avec une mie dense et goûteuse.

Je vous propose dans ce livre des recettes avec différents types de pains. L'idéal étant les pains faits avec des farines complètes à la meule de pierre du type Poilâne, des pains au levain ou des pains dans lesquels on trouve de la farine de seigle.

Vous pouvez servir les tartines ou bruschettas entières ou les couper en petits morceaux afin que chaque convive goûte. C'est ainsi plus convivial.

Pour faire un repas complet et équilibré, servez donc vos tartines avec des salades. Là encore, faites preuve d'originalité et préparez de belles salades :

- roquette, pignons de pin grillés, tomates confites, olives noires ;
- mâche, noisettes grillées, dés de beaufort ou de comté ;
- salade frisée, dés de jambon cru et noix ;
- laitue, dés de tomates et fines rondelles d'oignons rouges ;
- salade de tomates, piment d'Espelette et amandes effilées grillées ;
- carottes râpées, jus de citron vert et raisins secs ;
- concombres émincés, menthe, coriandre et crème ;
- fenouil très finement émincé et assaisonné avec du jus d'orange et de l'huile d'olive...

Bon, maintenant, trouvez les recettes qui vous inspirent, invitez des amis et faites-leur plaisir !

Le pain de campagne

bon marché • facile à réaliser • préparation : 30 min • cuisson : 40 min • repos : 2 h 30 • pour 2 pains

1 saladier
1 plaque de cuisson
papier sulfurisé

700 g de farine ordinaire

100 g de farine de seigle

1 cuil. à café de miel

1 sachet de levure de boulanger déshydraté ou 1 cube de levure de boulanger fraîche

2 cuil. à café de sel de Guérande

1 Dans un saladier, mettez la levure, le miel, 200 g de farine ordinaire et 40 cl d'eau tiède. Mélangez jusqu'à ce que vous obteniez une pâte homogène. Couvrez d'un torchon propre et laissez reposer 30 minutes dans un endroit chaud. La levure va s'activer et faire gonfler la pâte qui doit rapidement doubler voire tripler de volume.

2 Ajoutez le reste des farines et le sel puis pétrissez la pâte jusqu'à ce qu'elle soit homogène et ne vous colle plus aux doigts (10 à 15 minutes). Couvrez à nouveau et laissez encore reposer 1 heure afin que votre pain double de volume.

3 Pétrissez à nouveau le pain pendant 10 à 12 minutes, puis façonnez 2 pains ronds ou longs. Incisez-les profondément avec la lame d'un couteau et laissez-les reposer sous un torchon propre sur une plaque de cuisson couverte de papier sulfurisé pendant 1 heure afin qu'ils doublent encore de volume.

4 Préchauffez le four à 200 °C (th. 7). Enfournez les pains et placez dans le four un petit ramequin rempli d'eau chaude. Faites cuire 35 à 40 minutes. Vos pains doivent gonfler et la croûte doit dorer. Sortez-les du four et posez-les sur une grille afin qu'ils refroidissent.

variante

Sur cette base, vous pouvez ensuite augmenter ou diminuer la quantité de farine de seigle. En fonction des recettes que vous souhaitez réaliser, vous pouvez aussi ajouter des graines, du basilic haché, un peu de parmesan, des petits morceaux d'anchois au sel, etc.

truc de cuisinier

Lorsque vous faites vous-même votre pain, il faut que vous ayez du temps car il est important de bien laisser gonfler votre pâte lorsqu'elle doit doubler de volume. Tenez compte de ce critère plutôt que du temps. Si vous trouvez que la levée est trop longue, c'est sûrement parce qu'il ne fait pas assez chaud dans votre cuisine. Vous pouvez alors allumer votre four, le laisser tourner quelques minutes puis l'éteindre et y effectuer la levée.

Une vraie sauce tomate toute simple

bon marché • facile à réaliser • préparation : 15 min • cuisson : 30 min • pour 4 personnes

1 cocotte
1 mixeur

8 tomates Roma
1 oignon
1 gousse d'ail
1 cuil. à café de sucre
4 cuil. à soupe d'huile d'olive
sel - poivre

1 Épluchez et hachez finement l'ail et l'oignon. Retirez le pédoncule des tomates et incisez la base en croix. Ébouillantez-les pendant 1 minute.

2 Égouttez les tomates, passez-les sous l'eau froide et retirez la peau avant de les hacher.

3 Dans une cocotte, faites revenir l'oignon dans l'huile d'olive chaude. Laissez cuire à feu moyen pendant 10 minutes en remuant souvent afin qu'il fonde. Ajoutez alors les tomates, l'ail, le sucre, du sel et du poivre. Couvrez et laissez cuire à feu doux pendant 20 minutes.

4 Coupez le feu et mixez longuement. Vérifiez l'assaisonnement.

variante

Cette recette est une base que vous pouvez ensuite agrémenter d'épices (piment, curry, gingembre...), d'herbes ou d'aromates (thym, romarin, basilic, estragon, cerfeuil, ciboulette).

truc de cuisinier

Lorsque vous cuisinez les tomates, assaisonnez-les toujours avec un peu de sucre car elles ont une très légère acidité qu'il vaut mieux retirer.

Une sauce tomate gastronomique

bon marché • facile à réaliser • préparation : 15 min • cuisson : 15 min • pour 4 personnes

1 cocotte
1 mixeur
1 moulin à légumes

8 tomates Roma
1 petit bulbe de fenouil
1 gousse d'ail
1 échalote
1 botte de basilic
1 cuil. à café de ketchup
1 cuil. à soupe de vinaigre balsamique
6 cuil. à soupe d'huile d'olive
sel - poivre

1. Épluchez et hachez finement l'ail et l'échalote. Retirez le trognon et la première côte du fenouil, puis émincez-le finement. Nettoyez les tomates et coupez-les en 4.

2. Dans une cocotte, faites chauffer l'huile afin d'y faire revenir l'ail, l'échalote et le fenouil. Laissez cuire à feu moyen pendant 10 minutes en remuant souvent. Ajoutez alors les tomates, le vinaigre balsamique, le ketchup, du sel et du poivre. Couvrez et laissez cuire à feu vif pendant 5 minutes.

3. Coupez le feu et mixez longuement votre sauce avant de la passer au moulin à légumes muni d'une grille fine. Vérifiez l'assaisonnement.

4. Effeuillez le basilic et coupez-le à la main en gros morceaux. Mélangez-le à votre sauce.

variante

Remplacez les feuilles de basilic par des feuilles de céleri branche finement hachées, de l'estragon ou du cerfeuil. Ces herbes anisées iront à merveille avec le fenouil, lui aussi légèrement anisé.

truc de cuisinier

Passer la sauce au moulin à légumes permet de retirer la peau des tomates mais aussi les petites fibres qui sont dans le fenouil.

Bruschetta sauce tomate et mozzarella

bon marché • facile à réaliser • préparation : 10 min • pour 4 personnes

1 grille-pain ou 1 four

4 tranches de pain de campagne

6 tomates Roma

2 boules de mozzarella di buffala

4 cuil. à soupe de sauce tomate (voir recette p. 8) - 2 cuil. à café de câpres - 4 brins de basilic à petites feuilles - 4 cuil. à café d'huile d'olive - sel - poivre

Plongez les tomates entières 1 minute dans une grande casserole d'eau bouillante. Passez-les sous l'eau froide et épluchez-les.

Égouttez et détaillez en tranches la mozzarella et les tomates. Faites griller le pain, étalez un peu de sauce tomate puis répartissez en alternance les tranches de tomates et les tranches de mozzarella.

Assaisonnez avec l'huile d'olive, le sel, le poivre, les câpres et les feuilles de basilic. Servez aussitôt.

Bruschetta sauce tomate, mozzarella, anchois, olives et origan

bon marché • facile à réaliser • préparation : 10 min • pour 4 personnes

1 grille-pain ou 1 four

4 tranches de pain complet

2 boules de mozzarella di buffala

4 anchois salés

4 cuil. à soupe de sauce tomate (voir recette p. 8)

4 cuil. à café d'olives noires à la grecque dénoyautées

2 cuil. à café de câpres

4 cuil. à café d'huile d'olive

4 pincées d'origan

sel - poivre

Égouttez et détaillez en tranches la mozzarella et les tomates. Faites griller le pain, étalez un peu de sauce tomate puis répartissez en alternance les tranches de tomates et de mozzarella.

Assaisonnez avec l'huile d'olive, le sel, le poivre, l'origan, les câpres, les anchois coupés en petits morceaux et les olives. Servez aussitôt.

D'autres idées :
- sauce tomate, mozzarella, anchois, jambon cru et champignons de Paris ;
- sauce tomate, mozzarella, fruits de mer ;
- sauce tomate, mozzarella, antipasti de légumes ;
- sauce tomate, parmesan, mozzarella et gorgonzola ;
- sauce tomate, mozzarella, jambon, cerfeuil et œuf ;
- sauce tomate, mozzarella, œuf, anchois marinés ;
- sauce tomate, mozzarella, olives, thon et oignons nouveaux…

Tartine tomate, mozzarella, jambon de Parme et roquette

bon marché • facile à réaliser • préparation : 15 min • cuisson : 10 min • repos : 1 h • pour 4 personnes

1 passoire
1 grille de cuisson

4 grandes tranches de pain aux céréales

1 boule de mozzarella di buffala

4 tranches de jambon de Parme

8 cuil. à soupe de sauce tomate gastronomique (voir recette p. 10)

100 g de roquette

1 gousse d'ail

4 cuil. à soupe d'huile piquante

poivre

1 Égouttez la mozzarella et coupez-la en petits dés. Disposez-la dans une passoire et laissez-la s'égoutter pendant 1 heure.

2 Préchauffez le four à 200 °C (th. 7). Épluchez l'ail et frottez-en le pain afin de l'aromatiser. Étalez par-dessus la sauce tomate puis parsemez de mozzarella.

3 Enfournez pendant 10 minutes afin de griller le pain et de faire dorer la mozzarella.

4 Sortez les tartines du four et répartissez la roquette dessus. Assaisonnez avec l'huile piquante et du poivre. Couvrez d'1 tranche de jambon de Parme et servez aussitôt.

variante

Pour adoucir cette recette, vous pouvez remplacer la roquette par de la mâche et l'huile pimentée par un mélange d'huile de noix et d'huile végétale.

truc de cuisinier

Souvent, les boules de mozzarella sont tellement gorgées d'eau qu'elles ne grillent pas au four mais elles fondent et s'étalent, d'où l'intérêt de les égoutter un peu.

Bruschetta mozzarella, pancetta et roquette

bon marché • facile à réaliser • préparation : 10 min • cuisson : 10 min • pour 4 personnes

1 four - 1 passoire
1 grille de cuisson

4 tranches de pain aux raisins

2 boules de mozzarella di buffala

8 tranches de pancetta (ou jambon cru italien)

1 poignée de roquette - 4 cuil. à soupe de sauce tomate gastronomique (voir recette p. 10) - 4 cuil. à café d'huile d'olive - poivre

Préchauffez votre four à 200 °C (th. 7). Égouttez les boules de mozzarella et coupez-les en tranches.

Étalez la sauce tomate sur le pain, ajoutez les rondelles de mozzarella. Poivrez et enfournez pendant 10 minutes.

Sortez du four, ajoutez la roquette, du poivre, l'huile et terminez par la pancetta. Servez aussitôt.

Bruschetta jambon San Daniele et figues

coût moyen • facile à réaliser • préparation : 10 min • pour 4 personnes

1 poêle
1 grille-pain ou 1 four

4 tranches de pain de campagne

4 tranches de jambon San Daniele

8 figues noires

1 cuil. à soupe de pistaches non salées

1 gousse d'ail - 4 cuil. à café d'huile d'olive - poivre

Épluchez la gousse d'ail. Dans une poêle sans matière grasse, faites revenir quelques minutes les pistaches jusqu'à ce qu'elles colorent.

Retirez le pédoncule des figues et coupez-les en rondelles dans le sens de l'épaisseur.

Faites griller les tranches de pain et frottez-les avec la gousse d'ail.

Arrosez d'huile d'olive, ajoutez les tranches de jambon, les rondelles de figues, du poivre et terminez par les pistaches torréfiées. Servez aussitôt.

Si vous le souhaitez, vous pouvez remplacer l'huile d'olive et l'ail par de la ricotta dans laquelle vous ajouterez une goutte d'huile d'olive et une cuillerée à café de miel. Vous pouvez également ajouter des artichauts à l'huile.

Bruschetta ricotta, tomates, jambon de Parme, basilic et parmesan

coût moyen • facile à réaliser • préparation : 10 min • pour 4 personnes

1 poêle
1 économe
1 grille-pain ou 1 four

4 tranches de pain à l'huile d'olive

6 tomates Roma

4 tranches de jambon de Parme

50 g de parmesan

4 cuil. à soupe de ricotta

1 cuil. à soupe de pignons de pin

1 gousse d'ail

4 brins de basilic à petites feuilles

sel - poivre

1 Dans une poêle sans matière grasse, faites revenir les pignons de pin. Dès qu'ils commencent à colorer, retirez-les de la poêle et laissez-les refroidir.

2 Retirez le pédoncule des tomates et incisez la base en croix. Ébouillantez-les pendant 1 minute. Égouttez les tomates, passez-les sous l'eau froide, retirez la peau puis coupez-les en fines tranches.

3 Épluchez l'ail. À l'aide d'un économe, réalisez des copeaux de parmesan.

4 Faites griller le pain et frottez-le avec la gousse d'ail. Étalez ensuite la ricotta et disposez par-dessus le jambon, les rondelles de tomates, les copeaux de parmesan, les feuilles de basilic, les pignons de pin, du sel et du poivre. Servez aussitôt.

variante

Sur la même base de pain et ricotta, vous pouvez aussi réaliser une bruschetta avec des tomates, de la tapenade noire, du basilic et de la mozzarella.

truc de cuisinier

On fait revenir les pignons de pin afin de les torréfier, pour que leur goût s'exprime plus fortement. Vous pouvez faire la même chose avec des amandes ou des noisettes. Par contre, gardez toujours un œil sur la poêle car ces fruits à coques cuisent très vite et brûlent tout aussi vite !

Bruschetta ricotta, chorizo, épinards et pignons de pin

bon marché • facile à réaliser • préparation : 10 min • pour 4 personnes

1 poêle
1 essoreuse à salade

- 4 tranches de pain aux noix
- 4 cuil. à soupe de ricotta
- 1/4 de chorizo fort ou moyen
- 1 poignée de pousses d'épinards
- 1 gousse d'ail
- 1 cuil. à soupe de pignons de pin
- 4 cuil. à café d'huile d'olive
- poivre

1 Dans une poêle sans matière grasse, faites revenir les pignons de pin. Dès qu'ils commencent à colorer, retirez-les de la poêle et laissez-les refroidir.

2 Passez les pousses d'épinards sous l'eau froide et essorez-les.

3 Épluchez l'ail et le chorizo. Coupez ce dernier en fines tranches.

4 Faites griller le pain et frottez-le avec la gousse d'ail. Étalez ensuite la ricotta et disposez par-dessus le chorizo, les pousses d'épinards, les pignons de pin, du poivre et l'huile. Servez aussitôt.

variante

Ajoutez des petits morceaux de gorgonzola ou remplacez les pousses d'épinards par de la roquette.

truc de cuisinier

Nettoyez toujours les pousses d'épinard afin de les rafraîchir et d'en retirer les parties abîmées avant de les utiliser.

Bruschetta crème, lard et oignon

bon marché • facile à réaliser • préparation : 10 min • cuisson : 10 min • pour 4 personnes

1 grille de cuisson

4 tranches de pain de seigle

125 g de lardons allumettes

4 cuil. à soupe de crème fraîche épaisse

1 oignon

poivre

Préchauffez votre four à 200 °C (th. 7).
Épluchez l'oignon et coupez-le en tranches les plus fines possibles.

Étalez la crème fraîche sur le pain de seigle, ajoutez les rondelles d'oignons puis les lardons.

Poivrez et enfournez pendant 10 minutes. Sortez du four et servez aussitôt. Vous pouvez ajouter sur vos tartines un peu de comté râpé ou des lamelles de champignons.

Bruschetta ricotta, speck, tomates cerise et roquette

bon marché • facile à réaliser • préparation : 15 min • pour 4 personnes

1 poêle
1 essoreuse à salade

4 tranches de pain italien à l'huile d'olive ou *focaccia*

125 g de tomates cerise

4 tranches de speck

4 cuil. à soupe de ricotta

1 poignée de roquette

1 gousse d'ail

1 cuil. à soupe de pignons de pin

4 cuil. à café d'huile d'olive

sel - poivre

Nettoyez les tomates cerise et coupez-les en 4. Nettoyez et essorez la roquette.

Faites colorer les pignons de pin dans une poêle sans matière grasse.
Épluchez la gousse d'ail. Faites griller les tranches de pain.

Frottez les tranches de pain avec la gousse d'ail, étalez dessus la ricotta puis les tranches de speck, la roquette, les tomates cerise, les pignons, du sel, du poivre et l'huile.

Bruschetta crème, lard et oignon

bon marché • facile à réaliser • préparation : 10 min • cuisson : 10 min • pour 4 personnes

1 grille de cuisson

4 tranches de pain de seigle

125 g de lardons allumettes

4 cuil. à soupe de crème fraîche épaisse

1 oignon

poivre

Préchauffez votre four à 200 °C (th. 7).
Épluchez l'oignon et coupez-le en tranches les plus fines possibles.

Étalez la crème fraîche sur le pain de seigle, ajoutez les rondelles d'oignons puis les lardons.

Poivrez et enfournez pendant 10 minutes. Sortez du four et servez aussitôt. Vous pouvez ajouter sur vos tartines un peu de comté râpé ou des lamelles de champignons.

Bruschetta ricotta, speck, tomates cerise et roquette

bon marché • facile à réaliser • préparation : 15 min • pour 4 personnes

1 poêle
1 essoreuse à salade

4 tranches de pain italien à l'huile d'olive ou *focaccia*

125 g de tomates cerise

4 tranches de speck

4 cuil. à soupe de ricotta

1 poignée de roquette

1 gousse d'ail

1 cuil. à soupe de pignons de pin

4 cuil. à café d'huile d'olive

sel - poivre

Nettoyez les tomates cerise et coupez-les en 4. Nettoyez et essorez la roquette.

Faites colorer les pignons de pin dans une poêle sans matière grasse.
Épluchez la gousse d'ail. Faites griller les tranches de pain.

Frottez les tranches de pain avec la gousse d'ail, étalez dessus la ricotta puis les tranches de speck, la roquette, les tomates cerise, les pignons, du sel, du poivre et l'huile.

Tartine rillettes et pomme de terre

bon marché • facile à réaliser • préparation : 10 min • cuisson : 25 min • pour 4 personnes

1 poêle
1 grille de cuisson

4 tranches de pain de seigle

250 g de pommes de terre

100 g de rillettes de porc

4 cuil. à soupe de crème fraîche épaisse

1 oignon

25 g de beurre

2 cuil. à soupe d'huile végétale

sel - poivre

1. Préchauffez votre four à 200 °C (th. 7).

2. Épluchez l'oignon et les pommes de terre et coupez-les en tranches le plus finement possible.

3. Dans une poêle, faites revenir à feu moyen les pommes de terre et l'oignon avec l'huile et le beurre pendant 15 minutes en remuant souvent. Salez et poivrez.

4. Étalez la crème fraîche sur le pain, ajoutez les pommes de terre puis des petits morceaux de rillettes. Poivrez et enfournez pendant 10 minutes. Sortez du four et servez aussitôt.

variante

Pour alléger votre recette, remplacez une partie des pommes de terre par des carottes en rondelles. Vous pouvez aussi faire fondre les rillettes à feu doux afin d'en retirer un peu de gras.

truc de cuisinier

Les rillettes de porc sont excellentes chaudes. Pour donner un peu de couleur à vos tartines, parsemez-les de vert d'oignon nouveau haché juste avant de les servir.

Bruschetta coppa, artichauts et ricotta

coût moyen • facile à réaliser • préparation : 10 min • pour 4 personnes

1 grille-pain ou 1 four

4 tranches de pain de campagne

12 tranches de coppa

12 artichauts à l'huile (au rayon traiteur ou dans les épiceries italiennes)

4 cuil. à soupe de ricotta

1 poignée de pousses d'épinards

1 gousse d'ail - poivre

Nettoyez les pousses d'épinards et épluchez la gousse d'ail.

Faites griller les tranches de pain et frottez-les avec la gousse d'ail.

Étalez la ricotta, ajoutez 3 tranches de coppa, des pousses d'épinards, du poivre et terminez par les artichauts. Servez aussitôt.

Bruschetta bœuf pimenté et roquette

coût moyen • facile à réaliser • préparation : 10 min • cuisson : 10 min • pour 4 personnes

1 mixeur - 1 poêle
1 grille-pain ou 1 four

4 tranches de pain de campagne

12 tranches de viande des Grisons, de bresaola ou de carpaccio de bœuf

12 pétales de tomates confites - 2 c. à s. de ricotta - 1 c. à s. de pignons de pin

1 poignée de roquette - 1 gousse d'ail

4 c. à c. d'huile d'olive pimentée (type huile à pizza) - poivre

Mixez les tomates confites avec la ricotta jusqu'à ce que vous obteniez une pâte homogène. Épluchez la gousse d'ail. Nettoyez la roquette.

Faites griller les pignons de pin dans une poêle sans matière grasse. Dès qu'ils commencent à dorer, retirez-les du feu.

Faites griller les tranches de pain et frottez-les avec la gousse d'ail.

Étalez la ricotta aux tomates confites, ajoutez les fines tranches de bœuf, la roquette, l'huile pimentée, du poivre et terminez par les pignons de pin. Servez aussitôt.

Tartine calamars et tartare de légumes

coût moyen • facile à réaliser • préparation : 20 min • pour 4 personnes

1 casserole
1 grille-pain ou 1 four

4 tranches de pain aux céréales

150 g de salade de calamars à l'huile (au rayon traiteur ou dans les épiceries italiennes)

4 cuil. à soupe de caviar d'aubergine

2 tomates

1 courgette

1 poivron jaune

1 oignon nouveau

1 gousse d'ail

4 brins de persil plat

4 cuil. à soupe d'huile d'olive

sel - poivre

1. Ébouillantez les tomates pendant 1 minute, épluchez-les, coupez-les en 4 afin de retirer les graines et hachez grossièrement la chair.

2. Épluchez et hachez l'oignon nouveau. Retirez les bouts de la courgette, coupez-la en 4 dans le sens de la longueur afin de retirer les graines et détaillez la chair en petits dés. Ouvrez le poivron en 2, retirez les graines, le pédoncule et les membranes blanches avant de le couper en petits dés.

3. Nettoyez et effeuillez le persil. Mélangez les légumes avec le persil, du sel, du poivre et l'huile d'olive. Égouttez les morceaux de calamars.

4. Faites griller le pain et frottez-le avec la gousse d'ail. Étalez ensuite le caviar d'aubergine, le tartare de légumes et disposez par-dessus les calamars. Servez aussitôt.

variante

Vous pouvez remplacer les calamars par des anchois marinés, des copeaux de parmesan, des rondelles d'œufs durs ou de mozzarella...

truc de cuisinier

Pour améliorer encore cette recette, vous pouvez éplucher le poivron. Pour cela, munissez-vous d'un rasoir à légumes ou d'un épluche-tomate. Coupez le poivron en 4 et épluchez-le.

Bruschetta aubergines, tomates confites et parmesan

bon marché • facile à réaliser • préparation : 20 min • cuisson : 2 h 30 - pour 4 personnes

1 casserole
1 poêle
1 plat allant au four
1 essoreuse à salade
1 économe

4 tranches de pain de campagne

2 aubergines

6 tomates Roma

50 g de parmesan

1 cuil. à soupe de sucre

1 poignée de roquette

1 gousse d'ail

12 cuil. à soupe d'huile d'olive

sel - poivre

1 Préchauffez le four à 150 °C (th. 5). Épluchez la gousse d'ail et coupez-la en lamelles. Ébouillantez 1 minute les tomates, épluchez-les, coupez-les en deux afin de retirer les graines. Mettez-les dans un plat allant au four avec les lamelles d'ail, le sucre, 4 cuillerées à soupe d'huile d'olive, du sel et du poivre. Enfournez pendant 2 heures en arrosant aussi souvent que possible les légumes avec du jus de cuisson, à l'aide d'une cuillère. Laissez refroidir.

2 Pendant ce temps, découpez les aubergines en longues tranches fines. Faites-les revenir à feu moyen dans une poêle avec le reste d'huile d'olive en comptant 3 à 4 minutes de chaque côté. Mettez-les ensuite dans un plat en les salant et les poivrant. Laissez refroidir.

3 Nettoyez et essorez la roquette. À l'aide d'un économe, réalisez des copeaux de parmesan.

4 Faites griller le pain, couvrez-le de tranches d'aubergines. Ajoutez la roquette, les tomates confites et le parmesan. Servez aussitôt.

variante

Vous pouvez remplacer le parmesan par des tranches de mozzarella, des rondelles de chorizo, du poivron grillé, du gorgonzola...

truc de cuisinier

Pour aller beaucoup plus vite, il vous suffit d'acheter toutes prêtes les aubergines grillées et les tomates confites. Pour une touche très originale, ajoutez dans les tomates confites 1 ou 2 pincées de graines d'une gousse de vanille.

Tartine tomate, chèvre, miel et thym

bon marché • facile à réaliser • préparation : 20 min • pour 4 personnes

1 casserole
1 essoreuse à salade
1 grille-pain ou 1 four

4 tranches de pain aux noix

100 g de fromage de chèvre frais

6 tomates Roma

1 cuil. à soupe de miel de lavande

1 poignée de mesclun

1 gousse d'ail

2 pincées de fleur de thym

4 cuil. à soupe d'huile d'olive

sel - poivre

1 Ébouillantez 1 minute les tomates, épluchez-les et coupez-les en fines rondelles. Mettez-les dans un plat avec un peu de sel et laissez reposer le temps de préparer le reste de la recette. Épluchez la gousse d'ail.

2 Nettoyez et essorez le mesclun. Dans un bol à l'aide d'une fourchette, écrasez le fromage de chèvre et mélangez-le avec le miel, du poivre et la fleur de thym.

3 Faites griller le pain, frottez-le avec la gousse d'ail.

4 Étalez le fromage de chèvre, ajoutez par-dessus les tranches de tomates, du poivre, le mesclun et l'huile. Servez aussitôt.

variante

Vous pouvez remplacer le fromage de chèvre frais par n'importe quel fromage frais (St-Môret®, ricotta...) et les tomates par des figues. Vous pouvez aussi ajouter un peu de cumin ou de cannelle au fromage frais.

truc de cuisinier

Vous pouvez également passer les tartines au four après avoir mis le fromage et les tomates. Mettez le mesclun et l'assaisonnement juste avant de servir.

Tartine ratatouille, chèvre et œuf de caille

coût moyen • facile à réaliser • préparation : 15 min • cuisson : 35 min • pour 4 personnes

2 casseroles
1 grille-pain ou 1 four

- 4 tranches de pain à l'huile d'olive
- 100 g de fromage de chèvre frais
- 8 œufs de caille
- 3 tomates Roma
- 1 aubergine
- 1 courgette
- 1 poivron rouge
- 1 oignon
- 1 gousse d'ail
- 4 cuil. à soupe d'huile d'olive
- sel - poivre

1 Épluchez et hachez l'oignon et l'ail. Retirez le bout des courgettes et des aubergines et coupez-les en petits dés. Ébouillantez les tomates pendant 1 minute, retirez la peau et hachez-les finement. Lavez le poivron rouge, coupez-le en 2 et retirez les graines ainsi que les membranes blanches. Découpez-le en petits cubes.

2 Dans une casserole, faites revenir l'ail, l'oignon et le poivron dans l'huile chaude pendant 4 à 5 minutes. Ajoutez les dés de courgette et d'aubergine et poursuivez la cuisson encore 5 à 7 minutes. Ajoutez les tomates hachées, mélangez, couvrez et faites cuire à feu moyen 10 minutes. Retirez le couvercle et poursuivez la cuisson 15 minutes. Rectifiez l'assaisonnement. Égouttez la ratatouille.

3 Pendant la cuisson de la ratatouille, plongez les œufs dans de l'eau bouillante et faites-les cuire 3 minutes à la reprise de l'ébullition. Plongez-les dans l'eau froide avant de les écaler.

4 Faites griller les tartines de pain. Étalez le fromage de chèvre puis, mettez une fine couche de ratatouille. Terminez en mettant des demi-œufs de caille.

variante

Vous pouvez remplacer les œufs par de la charcuterie ou ajouter dessus des œufs de saumon, de la tapenade ou de l'anchoïade.

truc de cuisinier

Gardez le jus de la ratatouille et utilisez-le pour faire une sauce pour des pâtes ou de la viande.

Tartine betterave, champignons et parmesan

bon marché • facile à réaliser • préparation : 15 min • cuisson : 10 min • pour 4 personnes

1 casserole
1 économe
1 four ou 1 grille-pain

4 tranches de pain de campagne

50 g de parmesan

1 betterave cuite

6 à 8 champignons de Paris

1 gousse d'ail

15 cl de vinaigre balsamique

4 cuil. à café d'huile d'olive

sel - poivre

1. Dans une casserole, versez le vinaigre balsamique et faites-le réduire aux 3/4 afin d'obtenir un mélange sirupeux et épais.

2. Épluchez la betterave et coupez-la en fines tranches. Saupoudrez de sel. Épluchez les champignons et retirez les pieds terreux. Coupez-les ensuite en tranches de la même épaisseur que les betteraves.

3. Épluchez la gousse d'ail. À l'aide d'un économe, réalisez des copeaux de parmesan.

4. Faites griller le pain. Frottez-le avec l'ail et disposez en alternance des tranches de betterave et des tranches de champignons. Arrosez de sirop de balsamique, d'huile d'olive, salez, poivrez et terminez par le parmesan. Servez aussitôt.

variante

Vous pouvez remplacer le parmesan par des fromages frais type St-Môret®, Kiri®, Chavroux®, mozzarella ou ricotta. Vous pouvez aussi ajouter de très fines rondelles d'oignon rouge.

truc de cuisinier

Si vous possédez une mandoline, épluchez une betterave crue et coupez-la en rondelles le plus finement possible, ce sera encore meilleur.

Tartine comme un œuf cocotte aux herbes

bon marché • facile à réaliser • préparation : 15 min • cuisson : 10 min • pour 4 personnes

1 hachoir
1 grille de cuisson

4 petites tranches de pain de campagne (au moins 3 cm d'épaisseur)
4 œufs extra-frais
100 g de beurre demi-sel
1/4 de citron jaune
1/2 botte de ciboulette
1/4 de botte de persil
1/4 de botte d'estragon
1 gousse d'ail
sel - poivre

1. Préchauffez le four à 190 °C (th. 6/7). Effeuillez et hachez les herbes. Épluchez et hachez finement la gousse d'ail. Mélangez les herbes avec l'ail, le beurre, le jus du citron, du sel et du poivre.

2. Faites un puits au milieu de vos tranches de pain et étalez partout une fine couche de beurre aux herbes.

3. Cassez les œufs au centre des tranches de pain et enfournez pour 10 minutes.

4. Sortez les tranches de pain du four et servez aussitôt.

variante

Vous pouvez ajouter des dés de tomates, des lardons, des petits morceaux de saumon fumé...

truc de cuisinier

Choisissez un pain à la mie bien dense afin que l'œuf ne coule pas au travers. À défaut, mettez une bonne couche de beurre dans le puits et faites-le prendre au congélateur quelques minutes.

Tartine tomate, oignon et feta

bon marché • facile à réaliser • préparation : 10 min • cuisson : 10 min • pour 4 personnes

1 casserole
1 grille de cuisson

4 tranches de pain de campagne
100 g de feta
6 tomates Roma
1 oignon nouveau
1 gousse d'ail
4 pincées d'origan
4 cuil. à café d'huile d'olive
poivre

Préchauffez le four à 200 °C (th. 7). Épluchez la gousse d'ail.

Ébouillantez les tomates pendant 1 minute. Épluchez les tomates et coupez-les en quartiers.

Nettoyez l'oignon et émincez-le finement. Coupez la feta en cubes.

Frottez les tranches de pain avec la gousse d'ail. Ajoutez ensuite les tomates, l'oignon, la feta et l'origan.

Arrosez d'huile d'olive, poivrez et enfournez pour 10 minutes. Sortez du four et servez aussitôt.

Tartine brandade de morue et crevettes roses

bon marché • facile à réaliser • préparation : 10 min • cuisson : 10 min • pour 4 personnes

1 bol
1 grille de cuisson

4 tranches de pain complet
8 crevettes roses (cuites)
4 cuil. à soupe de brandade de morue
2 cuil. à soupe de crème fraîche
1 gousse d'ail
4 pincées de fleur de thym
4 cuil. à café d'huile d'olive
poivre

Préchauffez le four à 200 °C (th. 7). Épluchez la gousse d'ail. Nettoyez les crevettes.

Dans un bol, mélangez la crème fraîche avec la brandade de morue.

Frottez les tranches de pain avec la gousse d'ail. Étalez ensuite la brandade, ajoutez les crevettes et saupoudrez de fleur de thym. Terminez par l'huile et du poivre.

Enfournez 10 minutes. Sortez du four et servez aussitôt.

Si vous le souhaitez, vous pouvez remplacer les crevettes par des œufs de saumon ou de truite mais dans ce cas, ajoutez-les lorsque vous sortez les tartines du four.

Bruschetta caviar d'aubergine, épinards et sardine

bon marché • facile à réaliser • préparation : 10 min • cuisson : 10 min • pour 4 personnes

1 grille de cuisson
1 essoreuse à salade

4 tranches de pain aux céréales

12 filets de sardine fraîche

4 cuil. à soupe de caviar d'aubergine

1 poignée de pousses d'épinards

1 gousse d'ail

4 pincées de fleur de thym

4 cuil. à café d'huile d'olive

sel - poivre

1 Préchauffez le four à 190 °C (th. 6/7). Épluchez la gousse d'ail. Nettoyez et essorez les pousses d'épinards. Nettoyez et épongez les filets de sardine.

2 Frottez les tranches de pain avec la gousse d'ail. Étalez le caviar d'aubergine. Disposez ensuite sur chaque bruschetta 3 filets de sardine, 1 pincée de sel, 1 pincée de fleur de thym et enfournez pour 10 minutes.

3 Sortez les bruschettas du four et couvrez-les de quelques pousses d'épinards.

4 Ajoutez l'huile d'olive, un peu de poivre et servez aussitôt.

variante

Sur la même base de pain et de caviar d'aubergine, vous pouvez utiliser d'autres petits poissons (anchois frais, harengs, rougets…) et remplacer les pousses d'épinards par du mesclun, de la roquette, des feuilles de cerfeuil ou de persil plat.

truc de cuisinier

Réalisez vous-même votre caviar d'aubergine : piquez 2 aubergines avec une fourchette puis faites-les cuire 1 heure environ dans un four préchauffé à 150 °C (th. 5). Coupez-les en deux, retirez la chair et laissez-la s'égoutter 30 minutes. Hachez la chair et assaisonnez-la avec de l'huile, du sel, du poivre et du jus de citron. Vous pouvez ensuite ajouter des anchois au sel, des câpres, du basilic, de l'ail…

Tartine carpaccio de courgette et de bar

coût moyen • facile à réaliser • préparation : 15 min • pour 4 personnes

1 grille de cuisson

- **4 tranches de pain blanc**
- **200 g de filet de bar frais**
- **2 petites courgettes**
- **1 gousse d'ail**
- **1/4 de citron jaune**
- **6 brins de coriandre**
- **4 cuil. à soupe d'huile d'olive**
- **sel - poivre**

1. Retirez le bout des courgettes et coupez-les en rondelles le plus finement possible. Nettoyez le bar, épongez-le et coupez-le en fines tranches. Épluchez la gousse d'ail.

2. Pressez le citron et mélangez le jus dans un bol avec le sel, le poivre et l'huile. Effeuillez la coriandre et ajoutez-la au mélange.

3. Faites griller le pain puis frottez-le avec la gousse d'ail. Disposez ensuite en alternance les rondelles de courgettes et les tranches de poisson.

4. Terminez vos tartines en arrosant de vinaigrette. Servez aussitôt.

variante

Vous pouvez remplacer le citron jaune par du citron vert et y ajouter une pointe de gingembre haché ainsi qu'un peu de ciboulette ciselée.

truc de cuisinier

Choisissez vraiment des petites courgettes (pas plus de 15 cm) et utilisez du poisson frais. Si vous ne trouvez pas de bar, vous pouvez le remplacer par du cabillaud, du colin ou du lieu jaune.

Bruschetta saumon fumé, aneth et oignon nouveau

coût moyen • facile à réaliser • préparation : 15 min • cuisson : 5 min • pour 4 personnes

1 grille de cuisson

4 tranches de pain noir

4 tranches de saumon fumé

4 cuil. à soupe de crème fraîche épaisse

1 oignon nouveau

1/2 botte d'aneth

1 cuil. à café de raifort nature râpé

sel - poivre

1 Préchauffez le four à 200 °C (th. 7). Nettoyez et essorez l'aneth. Effeuillez-le et hachez-le finement.

2 Dans un bol, mélangez l'aneth avec la crème fraîche, du sel, du poivre et le raifort.

3 Étalez la crème sur les tartines et enfournez pour 5 minutes.

4 Pendant ce temps, nettoyez le vert de l'oignon et émincez-le finement. Sortez les bruschettas du four, déposez le saumon fumé dessus et parsemez de vert d'oignon. Servez aussitôt.

variante

Vous pouvez utiliser d'autres poissons fumés comme de la truite, du haddock ou de l'anguille. La crème peut être remplacée par du yaourt à la grecque mais dans ce cas, faites griller les tartines et étalez ensuite vos ingrédients. Remplacez l'oignon nouveau par des câpres.

truc de cuisinier

Ne faites pas chauffer le saumon car il deviendrait amer et son aspect ne serait pas appétissant.

Tartine comme une salade niçoise

bon marché • facile à réaliser • préparation : 15 min • cuisson : 25 min • pour 4 personnes

1 casserole
1 essoreuse à salade

4 tranches de pain de campagne
1 boîte de thon à l'huile (150 g)
2 pommes de terre
2 tomates Roma
1 poignée de haricots verts frais
1 poignée de pousses d'épinards
1 oignon nouveau
1 gousse d'ail
4 cuil. à café de tapenade
1 cuil. à soupe d'olives noires à la grecque dénoyautées
sel - poivre

1 Nettoyez et essorez les pousses d'épinards. Épluchez la gousse d'ail et les pommes de terre. Équeutez les haricots. Rincez et émincez finement l'oignon.

2 Déposez les pommes de terre dans une casserole d'eau froide salée. Faites chauffer et comptez 15 minutes de cuisson à l'ébullition. Retirez les pommes de terre lorsqu'elles sont cuites : la pointe d'un couteau doit pouvoir s'y enfoncer sans résistance. Coupez-les en rondelles.

3 Mettez les haricots dans la casserole et comptez 7 à 8 minutes de cuisson à la reprise de l'ébullition. Sortez-les de la casserole quand ils sont moelleux. Plongez les tomates 1 minute dans l'eau bouillante afin de les éplucher puis coupez-les en quartiers.

4 Faites griller les tranches de pain et frottez-les avec la gousse d'ail. Étalez une fine couche de tapenade puis disposez les tomates et les pommes de terre en alternance, ajoutez les haricots, les pousses d'épinards, les olives, le thon à l'huile, salez, poivrez et terminez par les oignons. Servez aussitôt.

variante

Remplacez le thon à l'huile par du thon frais grillé. Vous pouvez aussi ajouter des œufs durs, des câpres, des anchois au sel...

truc de cuisinier

Surveillez bien la cuisson afin de ne pas faire trop cuire les pommes de terre et les haricots qui risquent de se gorger d'eau et de perdre leur goût.

Tartine comme une pissaladière

bon marché • facile à réaliser • préparation : 15 min • cuisson : 35 min • pour 4 personnes

1 casserole

4 tranches de pain de campagne

1 vingtaine d'anchois à l'huile d'olive

6 oignons

1 gousse d'ail

2 cuil. à soupe d'olives niçoises (petites olives violettes)

1 cuil. à café de sucre

4 cuil. à soupe d'huile d'olive

sel - poivre

1 Préchauffez le four à 190 °C (th. 6/7). Épluchez et coupez les oignons en fines rondelles. Épluchez et hachez la gousse d'ail. Dénoyautez les olives.

2 Dans une casserole, faites chauffer l'huile puis ajoutez-y l'ail et les oignons. Faites cuire à feu doux pendant 5 à 7 minutes afin de les faire fondre un peu. Ajoutez le sucre, du sel, du poivre et laissez cuire à feu doux pendant 20 minutes. Les oignons doivent être compotés et vraiment moelleux. Vérifiez l'assaisonnement.

3 Mettez sur les tranches une couche d'oignons puis disposez en croisillons des filets d'anchois. Placez des olives au centre des croisillons.

4 Enfournez pendant 10 minutes et servez aussitôt.

variante

Remplacez une partie des anchois par des lamelles de poivrons grillés à l'huile d'olive (voir recette p. 62).

truc de cuisinier

Faites cuire longuement les oignons afin qu'ils deviennent vraiment mous et moelleux, sinon ils pourraient être indigestes. Pour corser cette recette, vous pouvez ajouter une touche de gingembre frais ou de piment d'Espelette.

Tartine au chorizo et espadon mariné

coût moyen • facile à réaliser • préparation : 15 min • repos : 30 min • pour 4 personnes

1 presse-agrumes
1 grille-pain ou 1 four
papier absorbant

4 tranches de pain de campagne

300 g d'espadon

1/4 de chorizo piquant

6 citrons verts

4 cuil. à soupe de sauce tomate (voir recette p. 8)

10 brins de coriandre

4 cuil. à café d'huile d'olive

sel - poivre

1 Effeuillez la coriandre. Coupez les citrons verts et pressez-les afin d'en récupérer le jus.

2 À l'aide d'un couteau bien aiguisé, découpez l'espadon en fines tranches. Mettez-les dans un plat, arrosez du jus de citron vert, salez et poivrez. Laissez reposer au réfrigérateur pendant 30 minutes.

3 Retirez la peau du chorizo, coupez-le en fines tranches.

4 Retirez le jus de citron de l'espadon et épongez-le fortement à l'aide de papier absorbant. Faites griller les tartines et étalez-y la sauce tomate. Disposez ensuite les tranches d'espadon et les rondelles de chorizo en alternance. Parsemez de feuilles de coriandre et arrosez d'huile d'olive avant de servir.

variante

Vous pouvez remplacer l'espadon par du thon ou du saumon. Il faut que vous choisissiez un poisson gras qui supportera le citron et le chorizo. Vous pouvez aussi réaliser cette recette avec des crevettes crues.

truc de cuisinier

Cette technique de cuisson au citron vert s'appelle *ceviche* et vient du Pérou. Vous pouvez l'utiliser pour tous les poissons.

Bruschetta sardine fraîche, pignons de pin et ricotta

bon marché • facile à réaliser • préparation : 10 min • cuisson : 10 min • pour 4 personnes

1 poêle - 1 grille de cuisson
1 essoreuse à salade

4 tranches de pain de seigle
12 filets de sardine fraîche
4 cuil. à soupe de ricotta
1 poignée de roquette
1 cuil. à soupe de pignons de pin
4 cuil. à café d'huile d'olive
1 gousse d'ail - sel - poivre

Préchauffez le four à 190 °C (th. 6/7). Épluchez la gousse d'ail. Nettoyez et essorez la roquette. Nettoyez et épongez les filets de sardine. Faites dorer les pignons de pin dans une poêle sans matière grasse.

Frottez les tranches de pain avec la gousse d'ail. Étalez la ricotta. Disposez ensuite sur chaque bruschetta 3 filets de sardine, 1 pincée de sel et enfournez pendant 10 minutes.

Sortez les bruschettas du four et couvrez-les de roquette. Ajoutez l'huile d'olive, un peu de poivre, les pignons de pin et servez aussitôt.

Bruschetta sauce tomate, roquette, bresaola et copeaux de parmesan

bon marché • facile à réaliser • préparation : 10 min • cuisson : 10 min • pour 4 personnes

1 économe
1 grille-pain ou 1 four
1 essoreuse à salade

4 tranches de pain de campagne
12 tranches de bresaola
50 g de parmesan frais
4 cuil. à soupe de sauce tomate (voir recette p. 8)
1 poignée de roquette
4 cuil. à café d'huile d'olive
1 gousse d'ail - poivre

Épluchez la gousse d'ail. Nettoyez et essorez la roquette. À l'aide d'un économe, réalisez des copeaux de parmesan.

Faites griller le pain et frottez-le avec la gousse d'ail. Étalez ensuite la sauce tomate.

Disposez ensuite sur chaque bruschetta 3 tranches de bresaola et la roquette. Arrosez d'huile, poivrez et terminez par le parmesan. Servez aussitôt.

Vous pouvez ajouter sur vos tartines quelques pignons de pin grillés ou des amandes effilées grillées.

Tartine carpaccio, parmesan, basilic et câpres

bon marché • facile à réaliser • préparation : 15 min • cuisson : 5 min • pour 4 personnes

1 mixeur (ou 1 mortier)
1 essoreuse à salade
1 économe
1 grille-pain ou 1 four

4 tranches de pain de campagne

12 tranches de carpaccio de bœuf

50 g de parmesan

2 cuil. à soupe de pignons de pin

1 gousse d'ail

1 cuil. à soupe de câpres

1 poignée de mesclun

1 botte de basilic

10 cuil. à soupe d'huile d'olive

sel - poivre

1 Nettoyez et essorez le mesclun. Épluchez la gousse d'ail et effeuillez le basilic. Réalisez des copeaux de parmesan à l'aide d'un économe.

2 Faites colorer les pignons de pin dans une poêle sans matière grasse puis mettez-les dans le bol du mixeur avec le basilic, l'huile d'olive, du sel et du poivre. Actionnez votre mixeur jusqu'à ce que vous obteniez un pesto homogène.

3 Faites griller les tranches de pain et frottez-les avec la gousse d'ail.

4 Étalez une fine couche de pesto puis répartissez les tranches de carpaccio, le mesclun, les câpres, les copeaux de parmesan et terminez avec une cuillerée à café de pesto.

variante

Remplacez le pesto par une mayonnaise dans laquelle vous ajouterez de la purée d'ail, d'anchois et des pignons de pin écrasés. Vous pouvez aussi réaliser cette recette avec du filet mignon de veau.

truc de cuisinier

Ne laissez pas trop tourner votre mixeur pour réaliser le pesto, car la lame finirait par chauffer et provoquer l'oxydation du basilic : il noircirait et perdrait de son goût. Si vous possédez un mortier, c'est idéal.

Bruschetta roquefort, coppa et confit d'oignons

bon marché • facile à réaliser • préparation : 25 min • cuisson : 25 min • repos : 30 min • pour 4 personnes

2 casseroles
1 grille-pain ou 1 four

4 tranches de pain de seigle

12 tranches de coppa

50 g de roquefort

2 oignons

25 g de beurre

5 cl de crème liquide

1 cuil. à soupe de cassonade

10 cl de vin rouge

2 cuil. à soupe de crème de cassis

sel - poivre

1 Dans une casserole, faites fondre le roquefort avec la crème. Portez à ébullition, laissez cuire 1 à 2 minutes et coupez le feu. Laissez refroidir au réfrigérateur.

2 Épluchez les oignons et coupez-les en fines rondelles. Faites-les revenir dans une casserole avec le beurre. Quand ils deviennent translucides, ajoutez la cassonade et mélangez bien. Laissez à nouveau cuire quelques minutes de façon à caraméliser les oignons.

3 Versez alors la crème de cassis et le vin. Ajoutez du sel, du poivre et laissez cuire à feu doux jusqu'à ce que le liquide soit complètement évaporé. Laissez refroidir au réfrigérateur.

4 Faites griller le pain. Étalez la crème de roquefort puis ajoutez une fine couche de confit d'oignons. Terminez en couvrant de tranches de coppa.

variante

Sur la base de crème de roquefort et confit d'oignons, vous pouvez mettre toutes les charcuteries que vous aimez : jambon, bresaola, saucisson, chorizo...
Le roquefort peut être remplacé par n'importe quel fromage à pâte persillée.

truc de cuisinier

Laissez bien la crème de roquefort refroidir afin qu'elle durcisse et s'étale comme du beurre mou. Pareil pour le confit d'oignons. Le fait de laisser reposer va permettre au goût de bien se mélanger et de s'harmoniser. La confiture d'oignons et la crème de roquefort seront même meilleures le lendemain.

Tartine foie gras cru et gelée de pommes

coût moyen • facile à réaliser • préparation : 15 min • repos : 1 h • pour 4 personnes

film alimentaire
1 grille-pain ou 1 four

4 tranches de pain multi-graines

150 g de foie gras de canard cru

4 cuil. à café de gelée de pommes

fleur de sel

poivre du moulin

1 Enroulez le foie gras dans du film alimentaire et disposez-le au congélateur pendant 1 heure.

2 Sortez le foie gras du congélateur, retirez le film alimentaire.

3 À l'aide d'un couteau bien aiguisé, découpez le foie gras en très fines tranches ou en copeaux.

4 Faites griller le pain, étalez-y la gelée de pommes puis couvrez avec le foie gras. Poivrez et salez généreusement. Servez aussitôt.

variante

Le foie gras s'accompagne aussi à merveille d'un chutney de figues ou d'un confit d'oignons (voir recette p. 58).

truc de cuisinier

Lancez-vous dans une gelée de pommes maison. Nettoyez 6 pommes, coupez-les en 6 et mettez-les dans une grande casserole en les tassant bien. Couvrez d'eau et portez à ébullition. Laissez-les cuire 30 minutes, puis coupez le feu et laissez-les refroidir une nuit entière. Le lendemain, récupérez le jus en égouttant bien les pommes, pesez-le et ajoutez le même poids de sucre et le jus d'un demi-citron. Portez à ébullition et laissez cuire 10 minutes. Mettez la gelée dans des pots de confitures ébouillantées, fermez et retournez-les. Laissez prendre au moins 24 heures avant de consommer.

Bruschetta jambon cru, poivron grillé et mozzarella

bon marché • facile à réaliser • préparation : 15 min • cuisson : 10 min • repos : 1 h • pour 4 personnes

1 grille de cuisson

4 tranches de pain de campagne

100 g de poivrons grillés (au rayon frais ou dans les épiceries italiennes)

4 tranches de jambon cru

2 boules de mozzarella

4 cuil. à soupe de sauce tomate (voir recette p. 8)

1 gousse d'ail

poivre

1 Coupez les tranches de mozzarella après les avoir égouttées et laissez-les reposer 1 heure afin qu'elles perdent un peu d'eau.

2 Préchauffez le four à 200 °C (th. 7). Épluchez et hachez finement la gousse d'ail. Découpez le poivron et le jambon en longues lamelles.

3 Étalez la sauce tomate sur le pain, ajoutez les tranches de mozzarella et saupoudrez d'ail et de poivre. Enfournez pendant 10 minutes afin de faire dorer la mozzarella et l'ail.

4 Sortez les bruschettas du four et ajoutez les lamelles de poivrons grillés et de jambon. Servez aussitôt.

variante

Vous pouvez remplacer la sauce tomate par de la crème fraîche épaisse ou de la ricotta, et les poivrons par des aubergines ou des courgettes grillées.

truc de cuisinier

Pour faire vous-même les poivrons grillés, commencez par les éplucher à l'aide d'un rasoir à légumes ou mettez-les sur la flamme de la gazinière jusqu'à ce qu'ils noircissent. Frottez-les ensuite sous l'eau avec le côté vert d'une éponge. Coupez-les en 4 afin de retirer les graines, le pédoncule et les membranes blanches. Mettez les poivrons dans une casserole avec du sel, du poivre et couvrez d'huile d'olive. Faites cuire à feu moyen pendant 15 à 20 minutes. Coupez le feu et laissez refroidir.

Tartine magret de canard fumé, orange et épinards

bon marché • facile à réaliser • préparation : 15 min • pour 4 personnes

1 essoreuse à salade
1 grille-pain ou 1 four

4 tranches de pain de seigle

1 magret de canard fumé et tranché

2 oranges

1 poignée de pousses d'épinards

4 cuil. à soupe de crème fraîche épaisse

1 gousse d'ail

12 cerneaux de noix

4 cuil. à café d'huile de noix

sel - poivre

1. Nettoyez et essorez les pousses d'épinards. Concassez grossièrement les noix. Épluchez la gousse d'ail.

2. À l'aide d'un couteau, coupez le bout rond des oranges. Toujours avec le couteau, épluchez les oranges en retirant la peau et la membrane blanche afin d'obtenir un fruit avec uniquement la chair. Vous devez voir des traits blancs qui séparent les quartiers. Incisez les oranges le long de ces traits blancs afin de retirer les quartiers que l'on appelle des suprêmes.

3. À l'aide d'un couteau, retirez une partie du gras des tranches de magret de canard.

4. Faites griller les tartines de pain et frottez-les avec la gousse d'ail. Étalez une fine couche de crème fraîche puis disposez les tranches de magret de canard. Ajoutez quelques suprêmes d'oranges, quelques feuilles de pousses d'épinards, du sel, du poivre, des noix et terminez avec l'huile de noix. Servez aussitôt.

variante

Remplacez les oranges par des cerises griottes dénoyautées.

truc de cuisinier

Vous pouvez, avec la même technique de découpe, lever des suprêmes de tous les agrumes : pomélos, orange sanguine, mandarine... Cela supprime la peau et les membranes : il ne reste que l'essentiel.

Tartine cèpes et lard grillé

coût moyen • facile à réaliser • préparation : 10 min • cuisson : 12 min • pour 4 personnes

1 grille de cuisson

4 tranches de pain de seigle

4 tranches de poitrine fumée

4 cèpes bouchons frais

1 gousse d'ail

1 échalote

1/2 botte de ciboulette

2 cuil. à café d'huile de noix

poivre

1. Préchauffez le four à 190 °C (th. 6/7). Épluchez la gousse d'ail. Épluchez et hachez l'échalote. Émincez finement la ciboulette.

2. Nettoyez rapidement les cèpes, retirez le pied terreux et coupez les champignons en tranches.

3. Frottez les tranches de pain avec l'ail. Posez par-dessus les tranches de poitrine fumée et enfournez pendant 10 à 12 minutes afin que le lard grille.

4. Sortez les tartines du four et disposez dessus les tranches de cèpes, l'échalote, la ciboulette, du poivre et quelques gouttes d'huile de noix.

variante

Sur cette même base de pain au lard, vous pouvez simplement utiliser des champignons de Paris ou des champignons sauvages que vous aurez au préalable fait revenir dans une poêle avec un peu de beurre, l'échalote et la ciboulette.

truc de cuisinier

Pour nettoyer les cèpes, n'utilisez pas d'eau mais une brosse fine et un chiffon humide car ces champignons ont tendance à absorber l'eau.

Bruschetta salami piquant, oignon et mozzarella

bon marché • facile à réaliser • préparation : 15 min • repos : 30 min • pour 4 personnes

1 grille de cuisson

4 tranches de pain aux noix

1/4 de salami piquant italien

2 boules de mozzarella

4 cuil. à soupe de sauce tomate gastronomique (voir recette p. 10)

1 oignon rouge

1 gousse d'ail

4 brins de basilic à petites feuilles

1 Effeuillez le basilic. Épluchez la gousse d'ail. Égouttez la mozzarella et laissez-la reposer 30 minutes avant de la détailler en morceaux.

2 Préchauffez le four à 190 °C (th. 6/7). Retirez la peau du salami et coupez-le en fines tranches. Épluchez et émincez l'oignon rouge le plus finement possible.

3 Frottez les tartines avec la gousse d'ail. Étalez la sauce tomate puis les rondelles de mozzarella, de salami et d'oignon.

4 Enfournez pendant 10 minutes dans la partie haute du four afin de griller le salami et dorer la mozzarella. Juste avant de servir, ajoutez quelques feuilles de basilic.

variante

Remplacez la mozzarella par de fines tranches de Pecorino que vous étalerez en alternance avec des rondelles de tomates épluchées en remplacement de la sauce.

truc de cuisinier

L'oignon rouge est beaucoup moins puissant en acidité et en goût que l'oignon jaune ou blanc. Si vous n'en trouvez pas, remplacez-le par des échalotes.

Tartine boudin noir et raisins caramélisés

bon marché • facile à réaliser • préparation : 10 min • cuisson : 10 min • pour 4 personnes

1 poêle

4 petites tranches de pain de seigle

200 g de boudin noir

25 g de beurre demi-sel

1 verre de jus de pomme frais (20 cl)

4 cuil. à café de raisins secs

1 cuil. à soupe de cassonade

10 brins de cerfeuil

1. Coupez le boudin en tranches épaisses. Effeuillez le cerfeuil.
2. Dans une poêle, faites revenir le boudin à feu doux avec le beurre afin de bien le faire griller.
3. Faites griller le pain, posez par-dessus le boudin et gardez au chaud.
4. Dans la même poêle, faites caraméliser la cassonade. Ajoutez les raisins et le jus de pomme. Portez à ébullition et laissez réduire aux 3/4. Ajoutez les raisins et le jus de cuisson sur le boudin ainsi que le cerfeuil. Servez aussitôt.

variante

Vous pouvez remplacer le boudin noir par du boudin blanc ou antillais.

truc du cuisinier

Pour faire caraméliser la cassonade, ne mettez pas d'eau dans la poêle de façon à bien voir le sucre fondre.

Tartine veau et framboises

coût moyen • facile à réaliser • préparation : 10 min • repos : 30 min • pour 4 personnes

1 grille-pain ou 1 four
film alimentaire

4 tranches de pain blanc

200 g de filet mignon de veau

100 g de framboises fraîches

1 gousse d'ail

1 cuil. à café de moutarde douce

1 cuil. à soupe de vinaigre de xérès

4 cuil. à soupe d'huile d'olive

sel - poivre

1. Enroulez le filet mignon de veau dans un film alimentaire et mettez-le au congélateur pendant 30 minutes à 1 heure.

2. Dans un bol, mélangez le vinaigre avec du sel et du poivre. Ajoutez la moutarde, mélangez bien et terminez par l'huile d'olive. Épluchez la gousse d'ail.

3. Sortez le veau du congélateur et retirez le papier film. À l'aide d'un couteau bien aiguisé, découpez la viande en très fines tranches d'1 à 2 millimètres d'épaisseur.

4. Faites griller le pain, frottez-le avec la gousse d'ail puis disposez les tranches de veau. Ajoutez des framboises et terminez en mettant quelques gouttes de sauce. Servez aussitôt.

variante

Remplacez les framboises par des cerises griottes dénoyautées et ajoutez des copeaux de fromage de brebis sec basque.

truc de cuisinier

Laisser la viande dans le congélateur la fait durcir et facilite la découpe en fines tranches.

Tartine cerises et fromage basque

bon marché • facile à réaliser • préparation : 10 min • cuisson : 10 min • pour 4 personnes

1 grille-pain ou 1 four
2 poêles

4 tranches de pain de seigle
150 g de fromage de brebis basque
100 g de cerises
25 g de cassonade
25 g de beurre demi-sel
2 cuil. à soupe d'amandes effilées

Dénoyautez les cerises. Dans une poêle, faites fondre le beurre avec le sucre. Ajoutez les cerises et faites cuire 10 minutes à feu vif. Laissez refroidir.

Dans une poêle sans matière grasse, faites revenir les amandes et retirez-les du feu dès qu'elles commencent à colorer.

Coupez le fromage en tranches fines.

Faites griller le pain, étalez le fromage et répartissez les cerises poêlées et les amandes grillées. Servez aussitôt.

Bruschetta figues, fromage frais et basilic

bon marché • facile à réaliser • préparation : 10 min • pour 4 personnes

1 grille-pain ou 1 four

4 tranches de pain de campagne
200 g de figues fraîches
100 g de fromage frais type St-Môret® ou Carré frais®
4 cuil. à café de miel d'acacia
4 brins de basilic à petites feuilles

Retirez les pédoncules des figues et coupez-les en quartiers. Effeuillez le basilic.

Faites griller le pain.

Étalez le fromage frais, puis disposez harmonieusement les morceaux de figues.

Arrosez-les de miel et terminez en disposant de petites feuilles de basilic. Servez aussitôt.

Tartine chèvre frais, pomme verte et gelée de piment

bon marché • facile à réaliser • préparation : 10 min • cuisson : 10 min • pour 4 personnes

1 grille de cuisson
1 économe

4 tranches de pain de campagne

150 g de fromage de chèvre frais type Petit Billy® ou Chavroux®

1 pomme granny-smith

4 cuil. à café de gelée de piment d'Espelette (dans les épiceries fines)

Préchauffez le four à 190 °C (th. 6/7). Étalez le fromage de chèvre frais sur le pain. Épluchez la pomme, coupez-la en quartiers afin de retirer le cœur et détaillez-les en fines lamelles.

Répartissez-les sur le fromage et enfournez pendant 10 minutes.

Sortez les tartines du four et ajoutez des touches de gelée de piment d'Espelette.

Tartine fromage frais, orange, carotte et noisette

bon marché • facile à réaliser • préparation : 10 min • cuisson : 10 min • pour 4 personnes

1 grille-pain ou 1 four
1 économe - 1 râpe

4 tranches de pain aux noix

100 g de fromage de chèvre frais type St-Môret® ou Carré frais®

2 oranges - 1 carotte

4 cuil. à café de poudre de noisettes

1 cuil. à soupe de cassonade

1 pincée de cannelle

À l'aide d'un couteau, coupez le bout rond des oranges. Toujours avec le couteau, épluchez les oranges en retirant la peau et la membrane blanche afin d'obtenir un fruit avec uniquement la chair. Vous devez voir des traits blancs qui séparent les quartiers. Incisez les oranges le long de ces traits blancs afin de retirer les quartiers que l'on appelle des suprêmes.

Épluchez et râpez la carotte. Mélangez-la dans un bol avec le fromage frais, la cannelle, la cassonade et la poudre de noisettes.

Faites griller les tartines, étalez-y le mélange au fromage frais et répartissez ensuite les suprêmes d'orange. Servez aussitôt.

En fonction de votre goût, ajoutez un peu plus de sucre ou remplacez-le par du miel.

CAT AND MOUSE
The Search is Over!

Bruschetta poires et épices

bon marché • facile à réaliser • préparation : 10 min • cuisson : 10 min • pour 4 personnes

1 grille de cuisson
1 économe
1 saladier

4 tranches de pain de campagne
3 poires
50 g de poudre d'amandes
50 g de cassonade
50 g de beurre mou
1 œuf
4 pincées de quatre-épices

1 Préchauffez le four à 180 °C (th. 6). Dans un saladier, mélangez le beurre avec la cassonade et la poudre d'amandes. Lorsque vous obtenez un mélange homogène, ajoutez l'œuf et mélangez jusqu'à ce que vous obteniez une crème d'amande lisse.

2 Épluchez les poires, coupez-les en quartiers et retirez le cœur. Détaillez ensuite chaque morceau en longues lamelles.

3 Étalez la crème d'amandes en une couche d'1 à 2 millimètres. Couvrez avec les lamelles de poires. Saupoudrez de quatre-épices.

4 Enfournez les tartines pendant 15 minutes. La crème doit dorer et brunir et les poires doivent être bien cuites. Sortez du four et servez rapidement.

variante

Remplacez la poudre d'amandes par de la poudre de noisettes. En ce qui concerne les poires, vous pouvez les remplacer par des pommes, des coings, des pêches ou des abricots.

truc de cuisinier

La recette de la crème d'amandes est la même pour faire des tartes aux fruits ou des galettes des rois. Conservez-la car elle est délicieuse. Pour faire une tarte, utilisez 100 g de poudre d'amandes, 100 g de cassonade, 100 g de beurre et 2 œufs. En fonction de votre recette vous pouvez ajouter les graines d'une gousse de vanille, de la cannelle, de la cardamome…

Tartine lemon curd et framboises

coût moyen • facile à réaliser • préparation : 10 min • cuisson : 10 min • pour 4 personnes

1 grille-pain ou 1 four
1 casserole
1 saladier - 1 râpe
1 presse-agrumes

4 tranches de brioche
250 g de framboises fraîches
75 g de beurre doux
60 g de sucre
1 œuf
2 citrons non traités
1 cuil. à café de fécule de maïs

Nettoyez les citrons et râpez la peau d'un citron afin de récupérer le zeste. Pressez-les et mettez le jus dans une casserole.

Dans un saladier, cassez l'œuf et fouettez-le vigoureusement avec le sucre et la fécule de maïs.

Ajoutez l'œuf battu, les zestes de citron et le beurre dans la casserole contenant le jus de citron. Faites cuire à feu doux jusqu'à ébullition. La crème doit alors épaissir. Coupez le feu, laissez reposer quelques minutes.

Faites griller les tranches de brioche et étalez la crème au citron. Ajoutez les framboises et servez aussitôt.

Bruschetta pomme et cannelle

coût moyen • facile à réaliser • préparation : 10 min • cuisson : 10 min • pour 4 personnes

1 grille de cuisson
1 économe

4 tranches de brioche (ou de pain d'épice)
2 pommes golden
50 g de beurre demi-sel
4 cuil. à café de cassonade
4 pincées de cannelle

Préchauffez le four à 200 °C (th. 7). Épluchez les pommes, coupez-les en 2 afin de retirer le cœur et coupez la chair en tranches fines.

Étalez les tranches de pommes sur le pain et saupoudrez de cassonade, de cannelle puis terminez en mettant des petits morceaux de beurre.

Enfournez pendant 10 minutes. Sortez du four et servez rapidement.

Bruschetta abricots, mascarpone et amandes

coût moyen • facile à réaliser • préparation : 10 min • cuisson : 15 min • pour 4 personnes

1 grille de cuisson
1 poêle

4 tranches de brioche
12 abricots mûrs
25 g de beurre demi-sel
4 cuil. à soupe de mascarpone
4 cuil. à café de cassonade
2 cuil. à soupe d'amandes effilées
1 gousse de vanille

1 Préchauffez le four à 180 °C (th. 6). Coupez la gousse de vanille en 2 dans le sens de la longueur. Retirez les graines se trouvant à l'intérieur à l'aide de la pointe d'un couteau et mélangez-les à la cassonade.

2 Coupez les abricots en 2, retirez le noyau. Dans une poêle sans matière grasse, faites revenir les amandes effilées et retirez-les du feu dès qu'elles commencent à colorer.

3 Étalez du mascarpone sur chaque tranche de brioche. Ajoutez ensuite les demi-abricots, côté rond vers le bas et saupoudrez de cassonade vanillée. Terminez en répartissant des petits morceaux de beurre.

4 Enfournez les tartines pendant 15 minutes. Sortez-les du four et saupoudrez-les d'amandes effilées avant de servir.

variante

Vous pouvez remplacer les abricots par des mirabelles, des quetsches ou des reines-claudes. En ce qui concerne le mascarpone, vous pouvez le remplacer par de la crème d'amandes (voir recette p. 78).

truc de cuisinier

Lorsque vous déplacez vos bruschettas cuites, faites attention à bien les prendre par en-dessous avec une spatule car la brioche est imbibée de jus et de mascarpone.

Bruschetta banane et chocolat

bon marché • facile à réaliser • préparation : 10 min • cuisson : 10 min • pour 4 personnes

1 grille de cuisson
1 économe

4 tranches de pain de campagne, de brioche ou de pain d'épice

4 bananes mûres

50 g de beurre demi-sel

25 g de chocolat noir à 60 % de cacao minimum

4 cuil. à café de cassonade

1 gousse de vanille

Préchauffez le four à 190 °C (th. 6/7). À l'aide d'un économe, faites des copeaux de chocolat.

Coupez la gousse de vanille en 2 dans le sens de la longueur. Retirez les graines se trouvant à l'intérieur à l'aide de la pointe d'un couteau et mélangez-les à la cassonade.

Épluchez les bananes et coupez-les en rondelles. Disposez les tranches de bananes sur le pain et saupoudrez de cassonade vanillée, de petits morceaux de beurre et terminez en mettant les copeaux de chocolat.
Enfournez pendant 10 minutes. Sortez du four et servez rapidement.

Bruschetta chocolat et fruits de la passion

coût moyen • facile à réaliser • préparation : 10 min • cuisson : 10 min • repos : 10 min • pour 4 personnes

1 grille-pain ou 1 four
2 casseroles

4 tranches de brioche

4 fruits de la passion

100 g de chocolat au lait

10 cl de crème liquide

2 cuil. à soupe de cassonade

Coupez les fruits de la passion en 2 puis retirez les graines et le jus se trouvant à l'intérieur. Mettez le tout dans une casserole avec la cassonade. Portez à ébullition et faites cuire 5 minutes afin d'épaissir le jus. Laissez refroidir.

Dans une autre casserole, faites bouillir la crème liquide. Coupez le feu, ajoutez le chocolat cassé en morceaux et mélangez jusqu'à ce que vous obteniez une ganache homogène. Laissez-la reposer 10 minutes au réfrigérateur afin qu'elle fige.

Faites griller les tartines de brioche, étalez la ganache dessus puis ajoutez le sirop de fruit de la passion. Servez aussitôt.

Index

Infos mesures

	Farine	Sucre	Liqueur	Fécule	Vin/eau
1 cuil. à café rase = 1 teaspoon (tsp)	5 g	6 g	0,5 cl un trait	5 g	0,5 cl
1 cuil. à soupe rase = 1 tablespoon (TBSP) - ½oz	15 g	20 g	1,5 cl	15 g	1,5 cl

Collection Toquades de First

Pour tous les toqués de cuisine !

Ir-riz-istible !
Riz et risottos

Joyeuses verrines !
Nicole Renaud

La crème des panna cotta
Thomas Feller

La cuisine des p'tits chefs
Thomas Feller

La magie des tajines
Maya Barakat-Nuq

La ronde des macarons
Marie-Claire Frédéric

Légumes anciens & oubliés
Marie Chemorin

Légumes & tutti frutti*
Pascale Weeks

Les bricks, c'est chic !
Julie Schwob

Les cafés gourmands
Valérie Duclos

Les grands classiques revisités
Frédéric Berqué

Les petits pots de bébé
Arielle Rosin

Madeleine, ma petite reine
Julie Schwob

Mange ta soupe !
Frédéric Berqué

Mes lasagnes
Valérie Duclos

Mes p'tits biscuits
Julie Schwob

Mes p'tits cannelés
Valérie Duclos

Mes p'tites confitures

Mille et une pâtes
Christian Cino

Mini-brochettes
Maya Barakat-Nuq

Mini-cocottes & Co
Frédéric Berqué

Mini verres, maxi délices !
Frédéric Berqué

Mon p'tit bistrot
Valérie Duclos

Oh mon gâteau !
Florent Margaillan

Papillote surprise
Frédéric Berqué

Par ici les cocottes !
Thomas Feller

Pâtes à tartiner maison
Marion Kemper

Petites crèmes douceur
Frédéric Berqué

Petites crèmes et tiramisus !
Armand Baratto

Prenez-en de la graine* !
Valérie Duclos